Gracias a María y Marta
por su entusiasmo contagioso

Reservados todos los derechos.

Cualquier forma de reproducción, distribución, comunicación pública o transformación de esta obra solo puede ser realizada con la autorización de sus titulares, salvo excepción prevista por la ley. Diríjase a CEDRO (Centro Español de Derechos Reprográficos) si necesita fotocopiar o escanear algún fragmento de esta obra (www.conlicencia.com; 917 021 970 / 932 720 447).

Licencia editorial por cesión de Edicions Bromera, SLU (www.bromera.com).

© Antonio Amago Alonso, 2019
© Ilustraciones: Nuria Rodríguez García de Dionisio, 2019
Autor e ilustradora representados por IMC Agencia Literaria
© Algar Editorial
   Apartado de correos 225 - 46600 Alzira
   www.algareditorial.com
Impresión: Liberdúplex

1.ª edición: octubre, 2019
ISBN: 978-84-9142-356-0
DL: V-2057-2019

NIÑAS

que imaginaron

LO IMPOSIBLE

(y lo consiguieron)

Tony Amago ❧ Nuria Rodríguez

algar

Amelia

Cuando la pequeña Amelia vio un avión
por primera vez, en la feria del estado
de Iowa, allá por 1907, pensó que aquel
trasto lleno de cables oxidados no era muy
interesante. Sin embargo, de vuelta a casa,
no paró de jugar con el pequeño avioncito
de madera que le compró su padre.

Amelia Earhart
Aviadora

Atchison, Kansas (Estados Unidos), 24 de julio de 1897 – desaparecida en el océano Pacífico el 2 de julio de 1937

Fue una aviadora estadounidense, famosa por sus marcas de vuelo y por intentar llevar a cabo el primer viaje aéreo alrededor del mundo sobre la línea del ecuador.

Sus aviones

Kinner

Fue su primer avión. Le puso de nombre *el Canario* por su color amarillo chillón.

Fokker F VII

En 1928, junto a los pilotos Wilmer Stultz y Louis Gordon, atravesó con esta nave el océano Atlántico.

Lockheed Vega

En 1937 realizó el primer viaje en solitario desde Terranova hasta Gran Bretaña. Se convirtió en la primera mujer en hacer un vuelo en solitario sobre el Atlántico. Estableció la distancia ininterrumpida más larga volada por una mujer y en el menor tiempo.

Lockheed Electra 10 E

Fue su último avión. Lo pilotaba cuando desapareció al sur del Pacífico mientras intentaba culminar la travesía alrededor del mundo por la línea del ecuador en 1937.

La ruta alrededor del mundo

Amelia y Fred Noonan partieron de Los Ángeles en dirección a Florida el 21 de mayo de 1937. Desde aquí volaron a Puerto Rico y, posteriormente, a Venezuela. Sobrevolaron la costa de Sudamérica antes de dirigirse hacia África. Atravesaron el continente hasta el mar Rojo. Entraron en Asia por Pakistán, llegaron a Calcuta y se dirigieron al sur, hacia Birmania y Singapur. Desde allí volaron a Darwin, en Australia. De nuevo cambiaron de rumbo hacia el noreste para comenzar la etapa más peligrosa: atravesar el Pacífico. Su última comunicación por radio fue el 3 de julio, en rumbo hacia la isla Howard.

Se organizó una misión de rescate con nueve barcos y más de cincuenta aviones, pero todos los esfuerzos fueron en vano. Recientemente fueron encontrados unos restos óseos en una diminuta isla del Pacífico llamada Nikumaroro que, según algunos expertos, podrían ser de Amelia y de su compañero de aventura.

● *Inicio del viaje: 21 de mayo de 1937*

◌ *Último mensaje de radio: 2 de julio de 1937*

Ann

Los días de lluvia Ann y sus amigos jugaban a las carreras de barcos de papel. Los soltaban desde lo más alto de la calle, y el primero en llegar al final, serpenteando y evitando las alcantarillas, ganaba la carrera. Su barco de papel era a menudo el más pequeño, pero, aun así, siempre llegaba el primero a la meta.

Ann Davison
Navegante

Surrey (Inglaterra), 5 de junio de 1914 - Florida (Estados Unidos), 1992

Aviadora, marinera y aventurera. Fue la primera mujer en atravesar el océano Atlántico navegando en solitario.

Mi barco es tan pequeño

Felicity Ann era el nombre de su pequeño *sloop* de madera. Contaba con 27 pies (8 m) de eslora y 7 pies (2,20 m) de manga. Tenía un único mástil y dos velas.

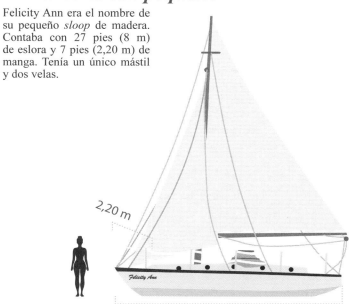

2,20 m

8 m

La travesía del Atlántico

Ann no era una experta marinera. En su primera aventura, junto a su marido, el barco en el que viajaban naufragó poco después de zarpar desde Inglaterra. Su marido Frank falleció en el naufragio. Pero esa experiencia tan traumática la convenció de llevar a cabo una proeza aún mayor: atravesar en solitario el océano Atlántico.

Comenzó su particular aventura a la edad de 39 años. Partió desde Plymouth, al sur de Inglaterra, en mayo de 1952, y llegó a Nueva York en enero del año siguiente. El viaje estuvo lleno de adversidades que, sumadas a su escasa pericia marinera, hicieron que tardara ocho meses en recorrer la travesía del Atlántico. Ann no tenía la experiencia necesaria, pero le sobraban valentía y coraje. Al terminar su aventura, escribió un libro contando su gesta. ¿Adivináis cuál era su título? *Mi barco es tan pequeño*.

◉ *Inicio de la travesía: Plymouth, 18 de mayo de 1952*

◎ *Fin de la travesía: Nueva York, 23 de enero de 1953*

Christiane

Christiane tenía nueve años cuando la noticia del descubrimiento de la tumba de Tutankamón inundó las portadas de todos los periódicos del mundo. Quedó fascinada. A partir de entonces, cuando jugaba con sus amigos, aprovechaba para disfrazarse de reina de Egipto. Y, a veces, terminaban jugando a los jeroglíficos; ya sabéis: pierde el primero que se mueve.

Le Petit Parisien

TUTANKAMÓN

Christiane Desroches
Arqueóloga y egiptóloga

París (Francia), 1913 - Sézanne (Francia), 2011

Egiptóloga y arqueóloga. Escribió innumerables títulos sobre arte e historia del Antiguo Egipto. Su trabajo e implicación fue esencial para salvar los templos nubios de la inundación posterior a la construcción de la presa de Asuán en 1960.

Tutankamón

La tumba de Tutankamón fue descubierta en 1922 por el arqueólogo inglés **Howard Carter**. Entre los más de 5.000 objetos encontrados, estaba la famosa máscara funeraria del faraón, de oro y con incrustaciones de piedras semipreciosas. Christiane era solo una niña, pero quedó tan fascinada por el hallazgo que no dudó en dedicar su vida al estudio del Antiguo Egipto. No es de extrañar que se maravillara tanto: la máscara de Tutankamón es, posiblemente, la obra de arte más fascinante de la cultura egipcia.

Salvar el legado del Antiguo Egipto

En 1959 el gobierno egipcio decidió construir una gran presa en Asuán para terminar con las inundaciones producidas anualmente por las crecidas del río Nilo.

ORGANIZACIÓN DE LAS NACIONES UNIDAS PARA LA EDUCACIÓN, LA CIENCIA Y LA CULTURA

El proyecto suponía que gran parte de los templos al sur de la presa quedarían bajo las aguas. Christiane, una reputada egiptóloga y arqueóloga ya por entonces, se movilizó para intentar salvar el legado del Antiguo Egipto por todos los medios. Consiguió el patrocinio de la UNESCO para financiar el carísimo proyecto. También convenció a muchos gobiernos del mundo entero para que aportaran dinero para llevarlo a cabo. En total, más de veinticuatro monumentos de incalculable valor fueron trasladados (muchos piedra a piedra) a lugares más seguros y a salvo de las aguas del Nilo. Estos son algunos de los más importantes:

- El templo de Ramsés II de Aksha
- El templo de Hatshepsut de Buhen
- El templo de Jnum de Kumma
- La tumba del príncipe nubio Djehutihotep
- Los templos de Dedun y Sesostris III de Semna
- Las columnas de la catedral de Faras
- El templo de Debod
- El templo de Dendur
- El templo de Taffa
- El templo de Ellesiya
- Las pinturas de la catedral de Faras
- El templo de Abu Simbel

El traslado de todos los templos se produjo a lo largo de veinte años. Algunos fueron reubicados por encima de la línea de inundación y otros fueron donados a los países que se implicaron en el proyecto: Debod (Madrid, España), Dendur (Nueva York, EE. UU.), Taffa (Leiden, Países Bajos) y Ellesiya (Turín, Italia).

Gracias a Christiane, hoy en día podemos disfrutar de estas maravillas de la antigüedad que, sin su inmenso tesón, hoy yacerían olvidadas en las profundidades del río Nilo.

Della

Si era rápido y hacía ruido, a Della le parecía la cosa más fascinante del mundo. A menudo se acercaba a las vías del tren cuando las enormes locomotoras de vapor pasaban cerca de su casa en Racine (Wisconsin). El estruendo y el temblor en el suelo que producían las enormes máquinas la animaban a correr tras ellas hasta quedarse sin aliento.

Della Crewe
Motorista y viajera

Wisconsin (Estados Unidos), 1884 - ?

Logró cumplir su sueño de conducir un artefacto ruidoso y rápido. Recorrió los Estados Unidos, el Caribe y Sudamérica en solitario sobre una motocicleta Harley-Davidson.

De manicurista a motorista

Una mañana de 1915 Della se despertó con una obsesión rondando en su cabeza. Esta manicurista de treinta años que hasta entonces llevaba una vida tranquila en Waco, decidió comprarse una motocicleta y recorrer con ella los Estados Unidos, asistiendo a cuantas carreras y convenciones de motos le fuera posible. No tenía ninguna experiencia en el manejo de estos artefactos, pero le sobraban determinación y valentía para dejarlo todo y dedicarse a viajar en solitario sobre la imponente máquina. Adquirió una **Harley-Davidson V-twin** de 1914. Tras llenar el sidecar con casi sesenta kilos de equipaje, pensó que todavía le quedaba espacio para llevar consigo a su cachorro, un mestizo de terrier de Boston que tenía un nombre muy apropiado para la empresa: **Trouble** («**problema**» en inglés).

**Harley-Davidson V-twin
con sidecar (1914)**

Lluvia, viento, frío y libertad

Della y Trouble comenzaron su viaje un día de junio de 1915. Las carreteras a principios del siglo pasado no se parecían a las de hoy en día. Apenas existían tramos asfaltados y, en su mayoría, eran caminos de tierra y piedras que con la lluvia se transformaban en lodazales en los que era casi imposible circular. A menudo tuvo que transitar campo a través. A pesar de todas las dificultades, incluidas varias denuncias por viajar con un perro, consiguió atravesar diez estados y recorrer un total de 8.600 kilómetros. Durante el trayecto se detuvo en numerosas ciudades en las que se celebraban acontecimientos relacionados con las motos. Llegaron sanos y salvos a Nueva York casi seis meses después de iniciar su primera aventura.

Della decidió entonces seguir viajando con Trouble por el mundo. Se sabe que recorrió el Caribe (Cuba, Puerto Rico, Panamá...) y parte de Sudamérica. Y todo lo hizo en apenas año y medio después de abandonar su hogar en Waco (Texas). Poco se sabe de la vida de Della después. Volvió a su casa, donde retomó su profesión de manicurista, pero no hay constancia de que emprendiera nuevos viajes tras aquel año y medio de locura viajera. Ni siquiera es conocida la fecha de su muerte, pero su ejemplo como motorista y aventurera ha perdurado con los años.

Dervla

Con diez años, a Dervla le regalaron una bicicleta de segunda mano. Desde entonces ir a hacer la compra fue mucho más divertido. Incluso le sobraba tiempo para pasarse por la biblioteca donde trabajaba su padre y llevarse a casa algunos libros, entre los que nunca faltaba un atlas y algún buen libro de aventuras.

Dervla Murphy
Cicloturista y trotamundos

Lismore (Irlanda), 28 de noviembre de 1931

Incansable viajera. Viajó en bicicleta y en solitario a lo largo de todo el mundo.

Roz

Así llamó Dervla a la bicicleta con la que completó el primer viaje desde su casa, en Irlanda, hasta la India, tal y como había soñado desde que era una niña. Roz era la abreviatura de Rocinante, el caballo de uno de sus héroes de aventuras: Don Quijote, el caballero andante de Miguel de Cervantes.

Bicicleta Armstrong Cadet

De Irlanda a la India

Inició su viaje en junio de 1963. Atravesó toda Europa para adentrarse en Asia por Estambul y llegó a la India en julio del año siguiente.

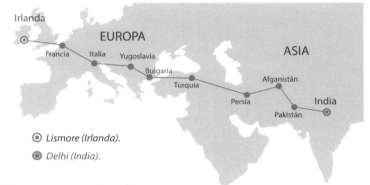

Irlanda

EUROPA

ASIA

Francia Italia Yugoslavia

Bulgaria

Turquía Afganistán

Persia India

Pakistán

◉ *Lismore (Irlanda).*

◉ *Delhi (India).*

Escaso equipaje

En la alforja de Roz no cabían demasiadas cosas. Estas son las que componían el equipaje de su primera aventura:

Mudas Guantes de cuero Pasamontañas Pastillas para depurar agua Termos

Crema de protección solar Repelente de insectos Cuchillo de acampada Útiles de aseo Medicamentos (para la malaria y las picaduras)

Cuadernos y mapas Recambios de bicicleta Pistola automática de calibre 25 Libro de poemas (William Blake)

El pasaporte y algo de dinero en cheques de viaje completaban todos sus enseres. Después de llegar por fin a la India, Dervla estuvo trabajando como voluntaria ayudando a refugiados tibetanos en la propia India y en Nepal. Pero su ansia de aventura ha continuado durante toda su vida. Años más tarde también estuvo viajando por el mundo con su hija Rachel, desde que esta cumplió solo cinco años de edad.

Dian

A su madre no le gustaban los animales y solo le permitía la compañía de un caballo durante las vacaciones en Montana. Las cuadras eran su lugar favorito y allí pasaba días enteros. Esparcía trocitos de galletas de queso por el suelo hasta que, a veces tras muchas horas, aparecían los pequeños habitantes del establo para comérselas.

Dian Fossey
Conservacionista, zoóloga y naturalista

San Francisco (Estados Unidos), 1932 - Ruhengeri (Ruanda), 1985

Una de las primeras primatólogas del mundo. Conocida por su trabajo de conservación de los gorilas de montaña en Ruanda.

África

Las matemáticas y la física no eran su fuerte, de modo que tuvo que renunciar a la carrera de veterinaria; pero su admiración por la fauna salvaje la llevó, tras empeñar su sueldo de varios años, a viajar a África en 1963. Allí conoció al prestigioso antropólogo **Louis Leakey,** quien, impresionado por su dedicación y energía, resultó esencial para conseguir que Dian se dedicara al estudio de los gorilas. Con treinta y un años, Dian cambió su vida y se trasladó a los Montes Virunga. Desde su llegada, tuvo serios problemas con cazadores furtivos e incluso con las autoridades de las tres naciones en las que desarrolló sus estudios. Los nativos la llamaban Nyramachabelli («la mujer mayor que vive en la selva sin un hombre»).

■ Distribución del gorila de montaña *(Gorilla beringei beringei)*

Gorilas de montaña

El gorila de montaña *(Gorilla beringei beringei)* es la subespecie más escasa de gorilas. Su población ha sido mermada durante décadas por cazadores furtivos, enfermedades como el ébola y por servir como carne de caza durante los conflictos bélicos de las zonas en las que habita. Como son animales formidables, Dian se encargó de desmontar el mito sobre su ferocidad. A base de paciencia e imitación de sus conductas, logró ser tolerada, e incluso admitida, como miembro de varios grupos familiares. Todos sus esfuerzos se vieron recompensados cuando un gorila al que llamó Peanuts se acercó hasta ella y extendió su mano para tocar la de Dian. Este fue, probablemente, el primer contacto físico entre un gorila salvaje y un ser humano. Los gorilas, al igual que los seres humanos, se distinguen entre sí por sus rasgos faciales. Dian conocía a todos los miembros de los clanes que estudiaba, y a todos ellos les puso nombre. Toda su experiencia a lo largo de los años fue reconocida por las principales universidades del mundo.

Gorila de montaña (1,80 m y 200 kg)

Humano (1,75 m y 80 kg)

Dian escribió un libro titulado *Gorilas en la niebla,* en el que relató su vida entre los primates.

Tras veintidós años estudiando y conviviendo con los gorilas, Dian fue asesinada en su cabaña de las montañas Virunga. Su tumba se encuentra en el cementerio de gorilas en el que ella misma enterró a sus «amigos» muertos por cazadores furtivos a lo largo de tantos años.

Elizabeth

Bessie ayudaba a su padre a recoger el algodón en la plantación. Al terminar la tarea se guardaba unas bolitas y corría hasta el depósito de agua, el lugar más alto del pueblo. Una vez arriba, ahuecaba con los dedos las hebras de algodón para hacerlas más ligeras y soplaba con todas sus fuerzas para verlas volar tan alto y tan lejos como las llevara el viento.

Elizabeth «Bessie» Coleman

Aviadora

Atlanta, Texas (EE. UU.), 1892 - Jacksonville, Florida (EE. UU.), 1926

Aviadora estadounidense. Fue la primera mujer afroamericana en obtener la licencia internacional de piloto de aviones.

Volar, volar, volar

A pesar de sus excelentes notas, a Elizabeth le negaron el ingreso en todas las academias de pilotos en los Estados Unidos. Pero eso no frenó su determinación por ser aviadora. Aprendió francés, viajó a París y allí consiguió tomar clases y obtener la licencia de piloto internacional en 1921.

En Francia aprendió a pilotar con un viejo **Nieuport 82**, un avión de fabricación francesa conocido por tener un sistema de control muy rudimentario. Tras unos meses practicando y recorriendo gran parte de Europa, decidió volver a los Estados Unidos. Para entonces ya era muy conocida en su país y, aprovechando su fama, decidió montar un espectáculo de acrobacias aéreas.

Nieuport Tipo 82

Vuelta a casa

Cuando volvió fue recibida por los medios como una heroína y la apodaron **Queen Bessie** («Reina Bessie»). Despertaba la admiración de toda la población, negros y blancos. Los siguientes años organizó numerosos espectáculos aéreos en los que era capaz de llevar a cabo las más peligrosas maniobras y acrobacias. En los eventos volaba en biplanos **Curtiss JN-4 «Jenny»**, aviones empleados durante la Primera Guerra Mundial. A lo largo del tiempo sufrió algunos accidentes de diversa importancia que no sirvieron para mermar su entusiasmo. Incluso la industria del cine le propuso hacer películas, aunque, finalmente, declinó las ofertas.

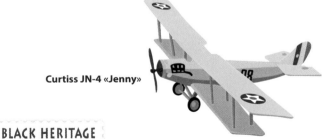

Curtiss JN-4 «Jenny»

BLACK HERITAGE

Sello conmemorativo de Bessie Coleman (1995)

El 30 de abril de 1926, Coleman, de treinta y cuatro años de edad, preparaba una nueva exhibición en Florida. A pesar de las advertencias de sus mecánicos respecto al avión, decidió salir a volar. El aparato sufrió una avería en pleno vuelo y Bessie y su copiloto fallecieron en el accidente. Murió antes de conseguir uno de sus sueños: crear una escuela para pilotos jóvenes afroamericanos. Aun así, logró la admiración no solo de la gente de color, sino de la nación y del mundo entero. Su contribución a la historia ha sido reconocida a lo largo del tiempo, y su vida sirvió de inspiración a las siguientes generaciones de mujeres y de afroamericanos en Estados Unidos.

Genevra

Cualquier cosa con ruedas servía. Los carritos de leña eran perfectos para lanzarse calle abajo. Pero para frenar había que pisar con fuerza las ruedas, y eso desgastaba mucho las suelas de las botas. A Genevra le encantaban sus zapatos de charol, así que siempre era la primera en llegar a las curvas.

Genevra Delphine Mudge
Piloto de coches

Michigan (EE. UU.), 1881 - Nueva York (EE. UU.), 1964

Considerada la primera mujer piloto de carreras de la historia del automovilismo.

Su primer automóvil, un coche eléctrico

Genevra fue la primera mujer en obtener una licencia de conducir, concedida en el año 1898 en la ciudad de Nueva York. Realizó la prueba de conducción con un coche eléctrico: un **Waverley Electric**, un modelo con una autonomía de unos 40 kilómetros y una velocidad máxima de 28 km/h.

Curiosamente, gran parte de la publicidad de estos vehículos aparecida en los periódicos de la época estaba destinada al público femenino. Unos años después, sobre 1910, el 5 % de todas las licencias de conducir en Estados Unidos se habían entregado a mujeres. Hoy en día hay prácticamente el mismo número de licencias para hombres y mujeres.

Coche eléctrico Waverley Electric

Piloto de carreras

A principios del siglo xx los motores eléctricos fueron sustituidos por una nueva y poderosa tecnología: los motores de combustión interna de gasolina. Aquello supuso que los automóviles fueran mucho más rápidos y difíciles de manejar. Perfecto para Genevra.

Pronto adquirió un **Locomobile**, un impresionante coche con el chasis de acero. Pesaba cerca de mil kilos y tenía una potencia extraordinaria para la época: 78 caballos. Ideal para disputar carreras. Sin embargo, a Genevra nunca le permitieron participar en competiciones profesionales junto a hombres. Tuvo que conformarse con disputar y ganar múltiples carreras de aficionados a lo largo de todo el país.

Coche de carreras Locomobile

Genevra tiene también el dudoso honor de ser la primera mujer responsable de un atropello. Ocurrió en una competición cuando, tras pisar una placa de hielo, su coche se salió de la pista, y arrolló a cinco espectadores que seguían la carrera. Por fortuna, ninguno resultó herido de gravedad.

Helen

Helen vivía en un terreno enorme. Casi 4.000 hectáreas de extensión, que es como poner 4.000 campos de fútbol juntos. Aun así, las veces que llegaba hasta el final de la granja tenía la sensación de que era muy pequeña. Sentía unas ganas enormes de seguir caminando más allá.

Helen Thayer
Exploradora, alpinista y trotamundos

Auckland (Nueva Zelanda), 1937

Su vida ha sido una continua aventura. Ha recorrido los lugares más inhóspitos del planeta. Muchos de ellos, en solitario.

Siempre más allá

Desde pequeña, Helen sintió admiración por su compatriota sir Edmund Hillary, el primer hombre en coronar el Everest. Con solo nueve años, y acompañada por sus padres, ascendió a su primer pico de 2.500 metros. Aquello no hizo más que convencerla de que dedicaría su vida a recorrer los parajes más alejados del planeta por el puro placer de llegar siempre más allá, a lugares en los que el ser humano no es bienvenido. Tras treinta años como escaladora reconocida, decidió sumar un nuevo logro a su palmarés: alcanzar el polo norte magnético en solitario.

El polo norte magnético

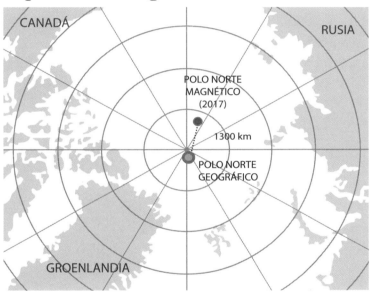

El polo norte magnético no es un punto fijo en el mapa como el Polo Norte geográfico. Es un lugar que cambia continuamente y a velocidad variable (unos 40 km al año). De ahí que ir en su busca sea una labor tan complicada, sobre todo teniendo en cuenta que las brújulas señalan el Polo Norte geográfico y, en latitudes tan altas, son completamente inútiles.

¿Sola? No del todo

En marzo de 1988 Helen estaba lista para comenzar su aventura en solitario. Partió desde un asentamiento inuit en los territorios del noroeste de Canadá. Antes de comenzar, los inuit la convencieron de que realizar ese trayecto sola era una locura; no por los −45 °C de temperatura media o los 550 kilómetros de distancia sobre el hielo. El peor de los peligros eran los osos polares. Finalmente, accedió a llevar consigo a Charlie, un robusto mestizo negro de husky siberiano. Ambos iniciaron la travesía tirando de sendos trineos cargados de provisiones. Tras veintitrés días de penurias, agotamiento, hambre y un frío inimaginable llegaron por fin a su destino. No vieron ningún oso.

Después de aquella aventura, Helen y Charlie se hicieron amigos inseparables.

Oso polar   **Husky siberiano**   **Humano**

Ida

Ida era la menor de una familia de ocho hermanos. Era la única chica. Su padre siempre alentó en sus hijos la práctica del ejercicio físico y las actividades al aire libre; y ella no era una excepción. Jugaba y vestía como sus hermanos. No era raro verlos disputar carreras de caballos por las calles de Viena.

Ida Pfeiffer
Exploradora y escritora

Viena (Austria), 1797 - 1858

Una de las mujeres pioneras en hacer del viaje y la exploración de otras culturas y países una forma de vida.

De esposa de clase media a viajera

Cuando su padre falleció, la madre de Ida decidió corregir las costumbres de su única hija para convertirla en una señorita con la educación en consonancia a su sexo. Finalmente aceptó en matrimonio al doctor Pfeiffer, un viudo que vivía a 160 kilómetros de su Viena natal. Ida tuvo dos hijos y se convirtió en el soporte de la familia tras la muerte de su marido. Pasaron los años y, tras el fallecimiento de su madre, volvió a Viena. Con sus hijos ya crecidos y a la edad de 45 años, decidió que ya era hora de recuperar aquellas sensaciones de su infancia y se propuso viajar por el mundo el resto de su vida. Nadie entendió su decisión.

El primer viaje

Su primer destino fue Tierra Santa, y ya en el primer trayecto en barco sobrevivió a una tormenta en el mar Negro rumbo hacia Estambul. Continuó viaje hasta Jerusalén y El Cairo, donde sus juegos infantiles le fueron muy útiles para dominar el arte de montar en camello. Subió a las pirámides y convivió con los beduinos. Continuó hacia Beirut y atravesó el Mediterráneo para visitar Italia. Tras su vuelta, un editor la convenció para convertir su diario de viaje en un libro, que tuvo bastante éxito.

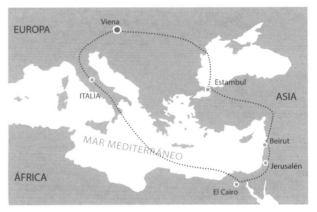

Y nunca más paró

Gracias a las ventas del libro, pudo seguir viajando. Su siguiente destino, en busca de paisajes yermos, fue Islandia. Después, y para compensar la desolación del Ártico, viajó a la selva de Brasil. Allí convivió con tribus autóctonas, pero nunca estuvo el tiempo necesario para acomodarse en ningún destino. Continuó el viaje hacia Chile, Tahití, China, Sri Lanka, la India, Mesopotamia, Irán, Irak y Rusia, completando así su primera vuelta alrededor del mundo.

Tras su vuelta publicó su libro *A Lady's Voyage Round the World* (1850), que se convirtió en un éxito de ventas. Ya era una mujer famosa, de modo que hasta el propio gobierno austríaco decidió financiar parte de su siguiente aventura. En su segunda vuelta al mundo partió desde Londres hacia Singapur, Borneo y Sumatra, donde convivió con caníbales durante meses.

En su último viaje, Ida llegó a Madagascar. Por entonces gobernaba la isla la reina Ranavalona, una mujer paranoica y obsesionada con el poder. Estaba convencida de que los visitantes extranjeros formaban parte de un complot para derrocarla. Muchos fueron arrojados a los cocodrilos, aunque Ida tuvo mejor suerte: fue enviada a prisión, donde las pésimas condiciones de salubridad hicieron que enfermara gravemente. Meses después, la reina expulsó a todos los europeos del país. Ida consiguió a duras penas volver a su Viena natal, donde finalmente falleció.

Reina Ranavalona de Madagascar (1858)

Isabel

Los nueve hermanos pasaban horas
jugando en una vieja barca abandonada
en la playa. Algunos hacían de marineros;
otros, de soldados, incluso alguno hacía el
papel de escribiente; pero Isabel siempre
se pedía ser la capitana del barco para
llevar a todos hasta los confines del mar
conocido y más allá. Todos terminaban
riéndose a carcajadas.

Isabel Barreto de Castro

Almirante de flota

Pontevedra (España), 1567 - Perú, 1612

Probablemente la primera mujer de la historia en ser almirante de una flota de barcos expedicionarios.

Exploradora, esposa de explorador

Álvaro de Mendaña se arruinó después de su primera expedición por el Pacífico. En aquel viaje descubrió las islas Salomón, pero, al no poder establecer un asentamiento comercial por falta de tripulantes, se vio obligado a volver a Perú. Tras muchos años buscando financiación para hacer un segundo viaje, sin mucha fortuna, conoció a Isabel. Se enamoraron y se casaron. Ella tenía diecinueve años; él, cuarenta y cuatro. Isabel utilizó su magnífica dote para financiar la nueva expedición. Por fin viajaría hacia los confines del mundo. Se construyeron cuatro naves para la travesía. Dos naos de 300 toneladas, una galeota y una fragata, ambas de 40 toneladas.

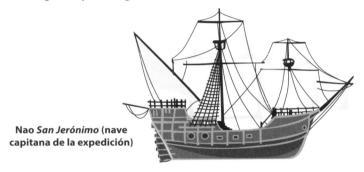

Nao *San Jerónimo* (nave capitana de la expedición)

El inmenso océano Pacífico

La expedición, al mando de Álvaro de Mendaña, partió del puerto de Paitu (Perú) el 16 de junio de 1595. Tres hermanos de Isabel y sus familias se embarcaron con ella: en total, 378 personas, mujeres y niños incluidos. Esto último supuso el primer enfrentamiento con el portugués **Pedro Fernández de Quirós**, responsable de la marinería. Pronto surgieron más disputas entre los hombres de mar (marineros) y los hombres de guerra (soldados). Intentando llegar a las islas Salomón, descubrieron las islas Marquesas, a 400 kilómetros de las primeras, y decidieron asentarse en la isla de Santa Cruz. Comenzaron el intercambio comercial con los nativos, pero Álvaro murió de malaria, aunque antes nombró a su mujer Isabel almirante de la flota, para enojo de Quirós. Los enfrentamientos entre marineros y soldados continuaron, y la relación con los nativos se volvió insostenible. Isabel tuvo que enfrentarse a situaciones muy complicadas que resolvió con firmeza. Finalmente, ordenó poner rumbo hacia las islas Filipinas. Muchos marineros y pasajeros murieron de diversas enfermedades antes de que la nao *San Jerónimo* llegara a Manila el 11 de febrero de 1596. Las otras tres naves se perdieron en el inmenso Pacífico. Las disputas entre Isabel y Quirós continuaron durante toda su vida.

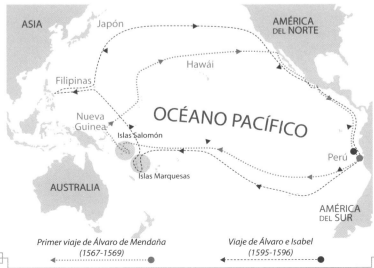

Primer viaje de Álvaro de Mendaña (1567-1569)

Viaje de Álvaro e Isabel (1595-1596)

Jeannette

Una tarde, paseando con su padre por el barrio chino de Chicago, Jeannette asistió a un espectáculo que la dejó maravillada: cientos de farolillos de papel ascendiendo hacia el cielo hasta convertirse en diminutos puntos luminosos. Su padre le explicó que era debido a la diferencia entre el aire frío y el caliente del interior de los globos. A ella le pareció un milagro.

Jeannette Piccard
Aeronauta

Chicago (Estados Unidos), 1895 - Mineápolis (Estados Unidos), 1981

Estableció el récord de altitud en vuelo sobre la Tierra. Para ello empleó un globo aerostático.

Los Piccard, familia de aeronautas

El día que Jeannette conoció a **Jean Piccard** en la universidad donde estudiaba, su vida cambió por completo. Jean era hermano gemelo de **August Piccard**. Ambos hermanos eran conocidos por sus logros e investigaciones en el terreno de los globos aerostáticos. Jean había dejado Europa para continuar su trabajo en los Estados Unidos e impartir clases. Jeannette y Jean se casaron y formaron un dúo que pasaría a la historia de la navegación aeroespacial.

Antes de los cohetes espaciales propulsados por enormes cantidades de combustible, la única manera de ascender hacia la atmósfera terrestre era emplear el principio que aquella tarde en Chicago le enseñó a Jeannette su padre: **el aire caliente asciende porque es más ligero que el aire frío**. Basándose en un enunciado tan sencillo, los Piccard desarrollaron la tecnología necesaria para emprender vuelos aerostáticos cada vez a mayor altura.

La atmósfera terrestre

EXOSFERA	10.000 km	Es la frontera entre la atmósfera terrestre y el espacio exterior. En ella se pueden encontrar satélites orbitando el planeta.
IONOSFERA	690 km	Permite que las ondas de radio emitidas desde la superficie terrestre reboten en ella. También es el lugar donde se forman las auroras boreales.
MESOSFERA	85 km	Es la zona más fría de la atmósfera. En ella se desintegran los meteoritos (estrellas fugaces) que se dirigen a la Tierra.
ESTRATOSFERA	50 km	Solo algunos aviones pueden alcanzar esa altura.
TROPOSFERA	20 km	En ella se desarrollan todos los procesos meteorológicos y climáticos.

El vuelo de Jean y Jeannette

El 23 de octubre de 1934, el matrimonio Piccard ascendió hacia la estratosfera desde la orilla del lago Eire, empleando el globo aerostático que ellos mismos habían diseñado. Jeannette, que fue la primera mujer en obtener la licencia de piloto aeronáutico en los Estados Unidos, se encargó del manejo del aparato mientras que Jean se ocupaba de las mediciones y los experimentos científicos.

Cerca de 45.000 personas asistieron al despegue del globo, bautizado como **«El siglo del progreso»**. Junto a ellos viajó la mascota de la familia, una tortuga. El globo ascendió verticalmente hasta alcanzar los **17.500** metros de altura, lo cual supuso un récord de altitud hasta la fecha. Jeannette se convirtió en la mujer que más alto había ascendido en la atmósfera terrestre y mantuvo ese honor hasta que en el año 1963 la cosmonauta rusa **Valentina Tereshkova** fue lanzada al espacio comandando la misión espacial Vostok 6.

El vuelo de los Piccard duró cerca de ocho horas, y su globo terminó, tras un azaroso aterrizaje, a 480 kilómetros del punto de despegue.

Años más tarde, tras la muerte de Jean, Jeannette trabajó durante un tiempo como asesora para la **NASA**.

También tuvo tiempo, ya casi octogenaria, de convertirse en una de las primeras mujeres sacerdotisa de la Iglesia episcopal de los Estados Unidos.

**Globo aerostático
«El siglo del progreso»**

Junko

Junko era una niña menuda, muy poca cosa. Sus compañeros de clase se mofaban de ella por ser tan pequeña y frágil. Cuando tenía diez años, toda su clase fue de excursión hasta el monte Nasu, la montaña más alta de la prefectura de Hiroshima, donde vivían. Junko fue la primera en llegar a la cima. De inmediato se puso a otear el horizonte buscando otra montaña más alta. Después de aquel día, nadie volvió a reírse de ella en el colegio.

Junko Tabei
Alpinista

Miharu, Fukushima (Japón), 1939 - Kawagoe (Japón), 2016

Incansable montañera y alpinista. Fue la primera mujer en alcanzar la cima del Everest. Mujer menuda de eterna sonrisa.

Del Nasu al Everest

La subida al monte Nasu fue una excursión del colegio en la que, probablemente, no emplearon más de medio día en alcanzar la cima a 1.916 metros. Años más tarde, Junko necesitó meses de preparación y semanas de ascenso para alcanzar la cumbre del monte Everest, la montaña más alta de la Tierra, en medio de la cordillera del Himalaya, a 8.848 metros de altitud sobre el nivel del mar.

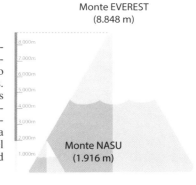

Monte EVEREST
(8.848 m)

Monte NASU
(1.916 m)

Ascensión a la cima del mundo

En 1975 Junko encabezó la primera expedición al Everest compuesta exclusivamente por mujeres. En Katmandú contrataron a *sherpas* locales para la ascensión (fue imposible contratar a mujeres como era su intención). Mientras pasaban la noche a 6.300 metros, un alud sepultó su campamento. Ella y sus compañeras fueron rescatadas por los *sherpas*. Catorce días después, Junko llegó a la cima junto con el *sherpa* **Ang Tsering**. Se convirtió en la primera mujer en coronar la montaña más alta del mundo.

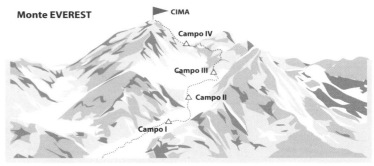

Monte EVEREST

CIMA

Campo IV

Campo III

Campo II

Campo I

Campo I: 6.035 m / Campo II: 6.474 m / Campo III: 7.158 m / Campo IV: 7.906 m / CIMA: 8.848 m

Las Siete Cumbres

Las Siete Cumbres es el conjunto formado por las montañas más altas de cada continente. Debido a las diferencias de interpretación sobre la lista, en realidad la componen nueve montañas. Junko también fue la primera mujer en subir a todas ellas, terminando su particular lista el 28 de julio de 1992 al escalar el monte Elbrus, de 5.642 metros, en el Cáucaso ruso.

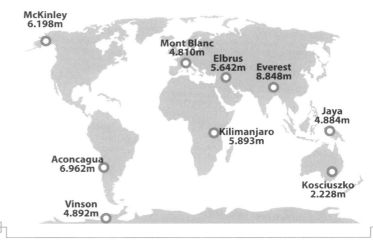

McKinley
6.198m

Mont Blanc
4.810m

Elbrus
5.642m

Everest
8.848m

Jaya
4.884m

Kilimanjaro
5.893m

Aconcagua
6.962m

Kosciuszko
2.228m

Vinson
4.892m

Marianne

Le encantaba cantar, pero un día que tenía un buen resfriado, el médico le recetó silencio y descanso, así que decidió sentarse en el jardín y dibujar un rato. Cuando estaba terminando el dibujo de las caléndulas, un precioso saltamontes verde esmeralda salió volando hacia el seto de las violetas. Pensó que sería bonito dibujarlo, de modo que se pasó la mañana corriendo de las violetas a las hortensias y de las hortensias a los lirios persiguiendo al insecto.

Eso sí, estuvo en silencio todo el rato.

Marianne North
Pintora y naturalista

Hastings (Inglaterra), 1830 - Gloucestershire (Inglaterra), 1890

Pintora de naturaleza. Su obra es muy reconocida por botánicos, entomólogos, naturalistas y críticos de arte. Viajó por todo el mundo pintando flores y plantas.

Cantar no era lo suyo; pintar, sí

Aunque se preparó para ello durante años, Marianne no pudo ser cantante profesional; de modo que, ya con cierta edad, decidió dedicarse a su otra afición: pintar flores. Comenzó a viajar con su padre, un reputado político inglés de la época, por Norteamérica. Tras el fallecimiento de este, decidió que emplearía su vida en viajar por el mundo pintando y catalogando tantas especies como le fuera posible. Durante casi quince años recorrió el planeta entero con sus bártulos de pintura a cuestas.

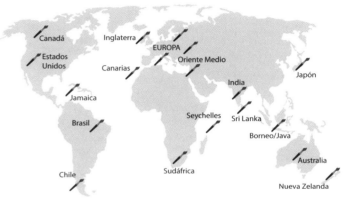

Más de 830 pinturas certifican la dedicación con la que se entregó a su pasión, para regocijo de botánicos y naturalistas. Su obra puede ser visitada en la actualidad en la **Marianne North Gallery**, ubicada en el **Jardín Botánico de Kew**, en Londres, uno de los jardines botánicos más prestigiosos del mundo.

Muchas especies vegetales fueron catalogadas y pintadas por ella por primera vez, y algunas incluso llevan su nombre.

Su equipo de trabajo

Hoy en día, si queremos obtener una imagen, nos resulta tan sencillo como sacar el móvil del bolsillo y apretar un botón. En la época victoriana la fotografía estaba en sus inicios, y solo era posible capturar imágenes en blanco y negro de baja calidad. La pintura seguía siendo, en muchos aspectos, más fiel a la realidad. El inconveniente era que el equipo necesario para pintar al aire libre no cabía en ningún bolsillo.

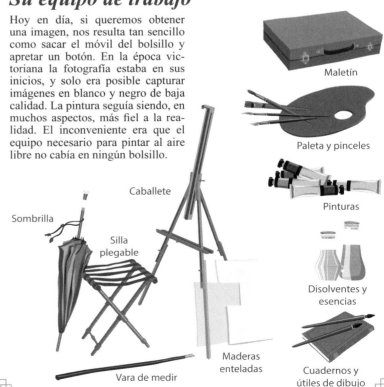

Maletín

Paleta y pinceles

Pinturas

Disolventes y esencias

Caballete

Sombrilla

Silla plegable

Maderas enteladas

Vara de medir

Cuadernos y útiles de dibujo

Mary

A menudo jugaba con sus amigos en el campo, cerca de los Pirineos. Cuando tenía suerte, encontraba cosas que le fascinaban, como un pequeño cráneo de zorro. A sus amigos, sin embargo, aquello les parecía algo terrible y asqueroso. Mary pensaba que eran tesoros y le alegraban el día.

Mary Leakey
Paleontóloga y arqueóloga

Londres (Inglaterra), 1913 - Nairobi (Kenia), 1996

Arqueóloga y paleontóloga especializada en la evolución humana. Se le atribuyen muchos descubrimientos determinantes para conocer nuestra historia y la de nuestros ancestros.

Pasión por nuestro pasado

El padre de Mary era un paisajista que se trasladó con toda la familia al sur de Francia desde Inglaterra. Fue cerca de los Pirineos donde la pequeña Mary descubrió su pasión por la historia enterrada de nuestros antepasados. Había heredado de su padre sus dotes artísticas, así que sus primeros trabajos fueron como ilustradora, trabajando para diferentes publicaciones. Se especializó en dibujar útiles y herramientas encontrados en las excavaciones arqueológicas.

Herramientas humanas de la Edad de Piedra

Los Leakey

Años más tarde, su trabajo como ilustradora la puso en contacto con el reputado arqueólogo **Louis Leakey,** quien, impresionado por sus dibujos, quiso que ilustrara uno de sus libros: *Adam's Ancestors: The Evolution of Man and His Culture*. El amor surgió entre ellos, y se casaron en 1936. Desde entonces el matrimonio Leakey recorrió el mundo de excavación en excavación. Su trabajo se centró principalmente en el continente africano, donde hicieron importantes descubrimientos.

En 1947 desenterraron un cráneo de *Proconsul africanus*, un antiguo simio antecesor de todos los grandes primates actuales. Su siguiente gran descubrimiento, en 1959, fueron los restos de un *Australopithecus boisei*, un ancestro humano de 1,75 millones de años de antigüedad. También encontraron un cráneo de *Homo habilis* y los huesos de la mano de este. Tras su reconstrucción lograron demostrar que era capaz de manipulaciones extraordinariamente precisas.

Proconsul africanus   *Australopithecus boisei*   *Homo habilis*

La pareja continuó con sus descubrimientos en África. En 1965 hallaron el cráneo de un *Homo erectus*. El fósil contaba un millón de años. Tras el fallecimiento de su marido, Mary siguió con su trabajo de excavación, datación y estudio de los precursores de nuestra especie durante largos años.

Homo erectus

Nellie

A Elizabeth le gustaba esperar en la puerta de
la tienda mientras su madre hacía la compra.
Se sentaba con la intención de observar y pasar
desapercibida, cosa bastante difícil teniendo en
cuenta que siempre vestía de rosa. Contemplando
a su alrededor, era capaz de adivinar que la
señorita Higgins había estrenado sombrero esa
mañana o que el pobre señor Smith acababa de
visitar al dentista.

Nellie Bly
Periodista y corresponsal

Pensilvania (Estados Unidos), 1861 - Nueva York (Estados Unidos), 1922

Periodista, escritora y reportera de investigación. Para muchos, inventora del periodismo encubierto. Dio la vuelta al mundo en 72 días.

Periodista de raza

El primer trabajo importante de Nellie fue un artículo sobre un asilo psiquiátrico en la ciudad de Nueva York. Para ello, no dudó en ingresar en dicho centro, haciéndose pasar por una paciente. Su impresionante relato sacó a la luz las prácticas inhumanas y las terribles condiciones a las que se sometía a los pacientes, incluida ella misma. Su ejercicio de periodismo encubierto supuso un gran impacto entre el público y el reconocimiento del

Camisa de fuerza

director del periódico en el que trabajaba (*The New York World*), el famoso **Joseph Pulitzer**.

La vuelta al mundo en 72 días

Portada de la primera edición (1872) de *La vuelta al mundo en 80 días*, de Julio Verne.

La historia más apasionante de su vida como reportera surgió en 1889. Tras el éxito de la novela *La vuelta al mundo en 80 días*, de Julio Verne, su editor pensó en ella como la reportera ideal para intentar emular la gesta de Phileas Fogg descrita en el libro.

Nellie aceptó el reto encantada y partió desde Nueva York en noviembre. Atravesó el Atlántico en seis días para llegar a Plymouth. Desde allí se dirigió a Londres (el lugar donde comienza la aventura en la novela). Atravesó el canal de la Mancha para llegar a Calais. Camino de París hizo un alto en el camino en la ciudad de Amiens para visitar al propio Julio Verne. El escritor, algo escéptico, le dijo: «Señorita, si es usted capaz de hacerlo en 79 días, yo la felicitaré públicamente».

Desde París se dirigió al sur de Italia para atravesar el Mediterráneo hasta Port Said, en Egipto. Navegó por el mar Rojo hasta Yemen y allí se embarcó para recorrer el océano Índico hasta Ceilán, y, más tarde, Malasia, Singapur y Hong Kong. La siguiente etapa la llevó hasta Yokohama. Zarpó desde Japón hacia San Francisco, atravesando el océano Pacífico. Por último, recorrió los Estados Unidos de costa a costa hasta llegar a Nueva York, 72 días después de iniciar su viaje.

Nellie se presentó en la redacción de su periódico el 25 de enero de 1890, 72 días, 6 horas, 11 minutos y 14 segundos después de su partida. El viaje fue todo un éxito, y la intrépida reportera estableció un nuevo récord mundial.

Inicio de la vuelta al mundo: 14 de noviembre de 1889
Llegada de la vuelta al mundo: 25 de enero de 1890

Sacagawea

Cuando sus amigos necesitaban buscar plumas bonitas para adornar un tocado o para completar un collar, siempre se lo decían a Sacagawea. Ella y su hermano Cameahwait se internaban en el bosque sin miedo porque sabían muy bien dónde encontrar los nidos de los halcones y los azores, que tenían las plumas más apreciadas por todos.

Sacagawea
Guía y exploradora

Lemhi River Valley (Idaho, EE. UU.), 1787 - Fort Lisa (Dakota del Norte, EE. UU.), 1812

Traductora y guía de la expedición de Lewis y Clark, uno de los viajes más importantes de exploración del territorio de Norteamérica.

India shoshone

Sacagawea no tuvo una vida fácil. Nació en un clan conocido como los «comedores de salmón» de la tribu shoshone. Cuando tenía doce años, fue raptada por otra tribu tras una violenta reyerta en la que murieron muchos de sus familiares. Poco tiempo después, sus raptores la vendieron al comerciante y explorador francés **Toussaint Charbonneau**, quien la tomó por esposa. Cuando **Lewis y Clark** llegaron a la aldea en la que vivían en 1804, Charbonneau se ofreció a integrar la travesía y propuso a su esposa, entonces embarazada de su primer hijo, como exploradora y traductora. El niño nació en invierno, mientras la expedición se preparaba para partir con el deshielo. Sacagawea llamaba a su hijo **Pompy**, que en lengua shoshone significa 'Primer Viajero'.

Campamento shoshone. W. H. Jackson (1890)

La expedición de Lewis y Clark

Tras la compra de Luisiana a los franceses en 1803, el presidente **Thomas Jefferson** decidió organizar una expedición a la zona noroeste del Pacífico. Tenía el propósito de estudiar las tribus nativas, la botánica, la geología, el terreno y la vida silvestre de la región, además de cartografiar el recorrido. **Meriwether Lewis** y **William Clark** fueron los elegidos para comandar la misión. En agosto de 1803 comenzaron el viaje descendiendo por el río Ohio, para después continuar por el Misuri. En el invierno de 1804 llegaron al Fuerte Mandam y contrataron a Charbonneau y a su mujer.

A partir de allí, Sacagawea se convirtió en la guía y traductora del viaje. Al poco tiempo de reanudar la marcha, el grupo se adentró en las tierras de los shoshone. Sacagawea se encontró con miembros de su familia y descubrió con inmensa alegría que su hermano Cameahwait se había convertido en el jefe de la tribu. Aquel debió de ser un encuentro muy hermoso. Los meses siguientes continuaron hacia el oeste por el río Columbia hasta el Pacífico. La ayuda de Sacagawea fue esencial en el desempeño de la misión. Años después, tras la muerte de sus padres, el pequeño Pompy fue adoptado por Clark, quien se encargó de su crianza y educación.

- ● *Inicio y final*
  de la expedición: San Luis (1804-1806)

- ● *Lugar en el que Sacagawea se unió*
  a la expedición (invierno de 1804)

- ● *Fin del viaje de ida. Costa del Pacífico*

Sylvia

Mientras sus amigos nadaban y jugaban
a saltar sobre las olas en la playa, Sylvia
prefería sumergirse en el fondo arenoso
para buscar algún pez con el que charlar.
Las conversaciones no solían ser muy
largas, porque a Sylvia se le acababa
el aire enseguida.

Sylvia Earle
Bióloga marina y exploradora submarina

Gibbstown, Nueva Jersey (EE. UU.), 30 de agosto de 1935

Oceanógrafa y documentalista. Autora de numerosas obras y estudios sobre la vida marina y su conservación. Si por ella fuera, tendría branquias para pasar más tiempo bajo el agua.

Una vida bajo el mar

Sylvia ha permanecido sumergida en el mar unas 7.000 horas a lo largo de su vida, unos diez meses completos. Con apenas quince años hizo su primera inmersión con escafandra. En 1970 participó en el Proyecto Tektite II, patrocinado por la Armada de Estados Unidos y la NASA. El experimento consistía en pasar dos semanas en unas instalaciones sumergidas a quince metros de profundidad, realizando continuas inmersiones. Para Sylvia permanecer todo ese tiempo conviviendo con otras cuatro mujeres en un espacio tan minúsculo fue como unas vacaciones soñadas.

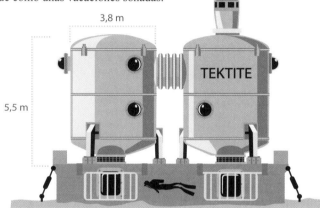

Un paseo por el fondo

En 1979, cerca de Hawái, descendió a 381 metros de profundidad hasta el lecho marino. Para ello utilizó un traje JIM, un atuendo de buzo empleado hasta entonces en rescates y operaciones petrolíferas. Sylvia estuvo paseando por el fondo cerca de dos horas y media (se le hizo muy corto). Hoy en día, aquella inmersión sigue constituyendo un récord de permanencia y profundidad bajo el agua. Aquel traje pesaba 550 kilos.

Traje de buceo JIM

Hacia las profundidades abisales

Gran parte de su vida Sylvia la ha dedicado al desarrollo de tecnologías que permitieran al ser humano la exploración submarina. En 1986 fundó **Deep Ocean Engineering**, una empresa que fabricó naves subacuáticas manejables como el **Deep Rover**, el **Phantom** o el **Deep Flight**, todas ellas diseñadas para la inmersión submarina a grandes profundidades. En 1992 creó **Deep Ocean Exploration and Research**, una empresa que ofrece apoyo técnico y asesoramiento científico a misiones submarinas. En la actualidad, la empresa la dirige su propia hija. Sylvia sigue muy ocupada en su labor de concienciación sobre la importancia de conservar el medio marino, el 75% de la superficie de nuestro planeta.

Vehículo subacuático Deep Rover (1986)

Valentina

Al final del verano, Valentina ayudaba a sus padres a recoger la cosecha. Para ella, lo más divertido del mundo era saltar desde el remolque hasta los grandes montones de heno. No había nada más emocionante que aquella sensación de estar suspendida en el cielo por un instante.

Valentina Tereshkova
Cosmonauta

Bolshoye Maslennikovo (URSS, actual Federación Rusa), 6 de marzo de 1937

Cosmonauta, paracaidista, política e ingeniera rusa. Fue la primera mujer en viajar al espacio, liderando la misión espacial Vostok 6.

Paracaidista y cosmonauta

Desde muy joven practicó paracaidismo en un aeroclub local. Valentina hizo su primer salto a los veintidós años, en 1959. Pocos años después fue seleccionada entre cuatrocientas candidatas para comandar la misión espacial Vostok 6.

La misión: Vostok 6

Las misiones Vostok 5 y Vostok 6 se lanzaron al espacio con un par de días de diferencia. La primera, comandada por el cosmonauta Valeri Bykovski; la segunda, por Valentina.

Las Vostok 6 estuvo en el espacio casi tres días, orbitando alrededor de la Tierra un total de cuarenta y ocho veces. En un solo vuelo, Tereshkova batió el récord de duración de una misión espacial hasta la fecha, superando en horas a la totalidad de los astronautas americanos juntos.

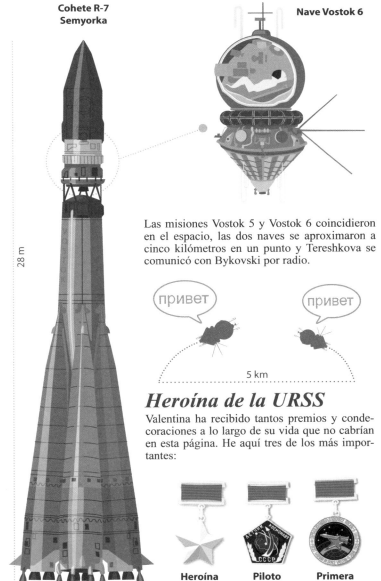

Cohete R-7 Semyorka

28 m

10,3 m

Nave Vostok 6

Las misiones Vostok 5 y Vostok 6 coincidieron en el espacio, las dos naves se aproximaron a cinco kilómetros en un punto y Tereshkova se comunicó con Bykovski por radio.

привет

привет

5 km

Heroína de la URSS

Valentina ha recibido tantos premios y condecoraciones a lo largo de su vida que no cabrían en esta página. He aquí tres de los más importantes:

Heroína de la URSS

Piloto cosmonauta de la URSS

Primera mujer en el espacio

ÍNDICE